BEI GRIN MACHT SICH IHR
WISSEN BEZAHLT

- Wir veröffentlichen Ihre Hausarbeit,
  Bachelor- und Masterarbeit

- Ihr eigenes eBook und Buch -
  weltweit in allen wichtigen Shops

- Verdienen Sie an jedem Verkauf

Jetzt bei www.GRIN.com hochladen
und kostenlos publizieren

Bibliografische Information der Deutschen Nationalbibliothek:

Die Deutsche Bibliothek verzeichnet diese Publikation in der Deutschen National-bibliografie; detaillierte bibliografische Daten sind im Internet über http://dnb.d-nb.de/ abrufbar.

Impressum:

Copyright © 2017 GRIN Verlag, Open Publishing GmbH
Druck und Bindung: Books on Demand GmbH, Norderstedt Germany
ISBN: 9783668578494

Dieses Buch bei GRIN:

https://www.grin.com/document/381349

Josefin Kratz

Arbeitslosigkeit und mögliche psychische Folgen

GRIN Verlag

GRIN - Your knowledge has value

Der GRIN Verlag publiziert seit 1998 wissenschaftliche Arbeiten von Studenten, Hochschullehrern und anderen Akademikern als eBook und gedrucktes Buch. Die Verlagswebsite www.grin.com ist die ideale Plattform zur Veröffentlichung von Hausarbeiten, Abschlussarbeiten, wissenschaftlichen Aufsätzen, Dissertationen und Fachbüchern.

Besuchen Sie uns im Internet:

http://www.grin.com/

http://www.facebook.com/grincom

http://www.twitter.com/grin_com

Aufgabe:

Untersuchungen zeigen, dass
Arbeitslosigkeit für die Betroffenen
psychische Folgen hat.
Beschreiben Sie welche psychischen Folgen
möglich sind, wie diese entstehen und wie ihnen
vorgebeugt werden könnte.

Inhalt

1. Einleitung

> „Die Gesundheit der Menschen wird stark durch ihre Lebensweise und
> durch die Bedingungen, unter denen sie leben, beeinflusst."
> (Weltgesundheitsorganisation (WHO) 2004, S. 8)

Arbeit steht unter anderem für ein wichtiges soziales und physisches Gehäuse für den Menschen selbst. Die Tatsache Arbeit zu haben, befriedigt die materiellen, sozialen und kulturellen Bedürfnisse eines jeden Menschen und stellt eine fundamentale Bedingung der menschlichen Existenz dar (vgl. Kadler-Neuhausen 2012, S. 8).

Doch was, wenn die Arbeit wegfällt und dieses Gehäuse zusammenbricht? In meiner Hausarbeit möchte ich auf den Diskurs Arbeitslosigkeit und Gesundheit eingehen, mögliche psychische Folgen, deren Entstehung und sich daraus ergebende präventive Maßnahmen für ein gesundes Erleben dieser Phase der Arbeitslosigkeit näher untersuchen und analysieren.

Einleitend sei betont, dass die Arbeitslosigkeit kein „Fluch der Moderne" (Paul, Moser 2015, S. 264) schildert, sondern seit Jahrhunderten ein bekanntes gesellschaftliches Thema darstellt. Waren es früher die Armen und Bettler, die am Wegesrand um Nahrung und Kleidung baten, so ist die Arbeitslosigkeit heute ein zentrales Thema unseres Sozialstaates.

Bereits in der Studie „Die Arbeitslosen von Marienthal" von Jahoda, Lazarsfeld und Zeisel aus dem Jahr 1933, wurde sehr deutlich, wie die Arbeitslosigkeit in der sogenannten Weltwirtschaftsdepression Auswirkungen auf die Psyche des Menschen hatte (vgl. Hollederer 2011, S. 26).

Umso zentraler und eingehender die Thematik der Arbeitslosigkeit in Deutschland wird, so werden auch die Untersuchungen und psychologischen Gesichtspunkte dieser Problematik vielfältiger und ausdrucksstärker. Aus zahlreichen Studien und Untersuchungen ist bekannt, dass die Arbeitslosigkeit für zahllose Betroffene eine bedrückende und gesundheitsschädigende Lebensphase ist. Unterschiedliche psychische Beeinträchtigungen bei erwerbslosen Menschen konnten bereits in Untersuchungen nachgewiesen werden.

2. Strukturbegriff Arbeitslosigkeit

Möchte ich über die Theorien der Auswirkung von Arbeitslosigkeit auf die Gesundheit von Arbeitslosen berichten und diese näher analysieren, so ist es mein Anliegen, zunächst über den Strukturbegriff Arbeitslosigkeit näheres zu schreiben. Hier beziehe ich mich auf die Definition des Begriffes, einen kurzen geschichtlichen Rückblick und auf aktuelle statistisch belegte Zahlen von Arbeitslosigkeit in Deutschland.

2.1 Definition Arbeitslosigkeit

„Von Arbeitslosigkeit spricht man umgangssprachlich erst dann,
wenn sie unfreiwillig ist und die betroffenen Personen entsprechend bereit sind,
Arbeit aufzunehmen bzw. ihre Arbeitskraft anbieten."
(Bundesagentur für Arbeit 2016)

Laut SGB III § 16 Absatz 1 sind Arbeitslose Personen, die wie beim Anspruch auf Arbeitslosengeld

1. vorübergehend nicht in einem Beschäftigungsverhältnis stehen,

2. eine versicherungspflichtige Beschäftigung suchen und dabei den Vermittlungs-bemühungen der Agentur für Arbeit zur Verfügung stehen und

3. sich bei der Agentur für Arbeit arbeitslos gemeldet haben (vgl. NomosGesetze, S. 1356).

Klaus Moser definiert Arbeitslosigkeit in seinem Buch „Wirtschaftspsychologie" wie folgt:
„Drei Merkmale von Arbeitslosigkeit sind essenziell und tauchen in jedem ernstzunehmenden Definitionsversuch auf (ILO, 2000):

1. Nichtvorhandensein einer Erwerbsarbeit

2. Verfügbarkeit für den Arbeitsmarkt

3. Suche nach Erwerbsarbeit" (Paul, Moser 2015, S. 264).

2.2 Geschichtlicher Rückblick zur Arbeitslosigkeit

Der Begriff der Arbeitslosigkeit existiert erst seit Ende des 19. Jahrhunderts. In den Jahren zuvor, fand eine Pauschalisierung gegenüber den Bettlern und Armen statt und die Menschen nannten sie „die Armen". Ab dem Ende des 19. Jahrhunderts ist die Betitelung „Arbeitslose" gebräuchlich. So errichteten die Menschen im Deutschen Reich nach 1882 zahlreiche Arbeiterkolonien, in denen es den Arbeitslosen möglich war, sich eine Arbeit zu beschaffen. Im 19. Jahrhundert wurden immer häufiger sogenannte Arbeitsvermittlungsstellen errichtet, um die Arbeitslosenzahl zu verringern und den Betroffenen Arbeit zu vermitteln (vgl. Paul, Moser 2015, S. 264f).

Im Wandel der ökonomischen Entwicklung der Arbeitergesellschaft im 19. Jahrhundert, war ein Strukturwandel zu verzeichnen. Daraus entstand unter anderem im 20. Jahrhundert eine Flexibilität der Arbeitsgesellschaft. Diese flexible Arbeitsgesellschaft beeinflusste die Marktwirtschaft nun maßgeblich. Im Weiteren ist es auf Grund der steigenden Arbeitsloszahlen zu einem Umbruch der Modelle der Arbeitsverhältnisse, wie dem Normalarbeitsverhältnisses und der Vollbeschäftigung, gekommen. Grund hierfür ist unter anderem die dauerhafte Problematik und steigende Zahl von Arbeitslosigkeit (vgl. Kadler-Neuhausen 2012, S. 17 ff).

„Zwischen 1970 und 1995 stieg die Zahl der (offiziell) arbeitslosen Erwerbspersonen in den Ländern der OECD von 10,3 auf 35 Millionen an." (Kadler-Neuhausen 2012, S. 25)

Im Zuge dessen hat sich die Arbeitslosigkeit vom „Fremden" zum „Bekannten" entwickelt und ist aus kaum einer beruflichen Biographie wegzudenken. Im Gegenteil, denn die Arbeitslosigkeit ist zu einem normalen Bestandteil in der beruflichen Laufbahn geworden und fest einzuplanen (vgl. Kadler-Neuhausen 2012, S. 25).

2.3 Statistik zur Arbeitslosigkeit in Deutschland

Laut der Internationalen Arbeitsorganisation (ILO) beziffert sich die Zahl von Erwerbslosen im Dezember 2016 in Deutschland auf 1,54 Millionen (3,5 Prozent) – ausgehend von 43,59 Millionen Erwerbspersonen insgesamt. Im Dezember 2015 waren es zum Vergleich bei 42,42 Millionen Erwerbspersonen 1,90 Millionen (4,5 Prozent) Erwerbslose in Deutschland. Daraus ergibt sich ein Abstieg von einem Prozent (vgl. Statisches Bundesamt (Destatis) 2017).

Die Bundesagentur für Arbeit gibt aktuelle Zahlen zur Arbeitslosenquote aus dem Jahr 2017 öffentlich bekannt. Hier heißt es, dass sich die aktuelle Arbeitslosenzahl auf 2,78 Millionen beziffert. Dies macht prozentual gesehen 6,3 Prozent der Erwerbsquote von allen zivilen Erwerbspersonen in Deutschland aus (vgl. Bundesagentur für Arbeit 2017).

3. Zusammenhang von Arbeitslosigkeit und mögliche psychische Folgen

Zahlreiche Theorien untersuchten in der Vergangenheit den Zusammenhang von Arbeitslosigkeit und deren möglichen psychischen Folgen. Hier gehen die Wissenschaftler weitestgehend davon aus, dass Arbeitslose unter dem Zustand der Arbeitslosigkeit zu leiden haben und dies nicht selten psychische Folgen mit sich bringt.

In der Literatur von Klaus Moser ist festgehalten, dass anhand der Ergebnisse der gegenwärtigen Metaanalyse ein Zusammenhang zwischen Arbeitslosigkeit und der psychischen Gesundheit eines Menschen ohne Zweifel nachzuweisen ist. Demnach haben durchschnittlich 34 Prozent der Arbeitslosen unter wesentlichen psychischen Folgen der Arbeitslosigkeit zu leiden. Dem gegenüber stehen gerade einmal 16 Prozent Anteil an psychischen Problemen von Erwerbstätigen (vgl. Paul, Moser 2015, S. 265).
Unterschiedliche mögliche Folgen einer Arbeitslosigkeit konnten bei den betroffenen Personen selektiert werden. Beeinträchtigungen der Psyche bei Arbeitslosen könnten sich auf *unspezifische Störungssymptome, Depressionssymptome, Angstsymptome, die Lebenszufriedenheit bzw. das emotionale Wohlbefinden sowie das Selbstwertgefühl* beziehen (vgl. Paul, Moser 2015, S. 265).

Auch die Weltgesundheitsorganisation (WHO) und ihre einst gegründete Kommission „Soziale Determinanten von Gesundheit" weisen auf der Grundlage von Untersuchungen nach, dass die Arbeitslosigkeit einen Einfluss auf den Gesundheitszustand der Menschen hat. In Orten, in denen eine hohe Anzahl von Arbeitslosigkeit vorherrscht, wurde festgestellt, dass die Gesundheit der Bevölkerung höher gefährdet ist und die Wahrscheinlichkeit unter einer psychischen Erkrankung zu leiden größer ist (vgl. WHO 2004, S. 24). „Arbeitslosigkeit beeinträchtigt die Gesundheit, weil sie psychische Folgen hat, aber auch finanzielle Probleme, vor allem Verschuldung, nach sich zieht." (WHO 2004, S. 24)
Erste psychische Symptome, wie *Angst und Depressionen*, sind bereits vor dem Verlust der Arbeit bei einigen Menschen spür- und beobachtbar. Die Unsicherheit seinen Arbeitsplatz zu verlieren, kann zu einem Angstzustand führen und sich gesundheitsschädigend auf den Körper auswirken (vgl. WHO 2004, S. 24).

Die empirische Studie „Die Arbeitslosen von Marienthal" von Jahoda, Lazarzsfeld und Zeisel aus dem Jahr 1933 zeigte eindringlich die Auswirkung von Arbeitslosigkeit auf die Psyche des Menschen. Ziel dieser empirischen Studie war es, ein Ort der von Arbeitslosigkeit geprägt war, unter sozialpsychologischen Aspekten ausgedehnt und vielfältig näher zu beleuchten und zu untersuchen. Ergebnis der Studie war unter anderem, dass der überwiegende Teil der Arbeitslosen unter *Resignation*, *Aktivitätsunfähigkeit* und *Überforderung durch erzwungenes Nichtstun* zu leiden hatten (vgl. Müller 2012).

Aus der Marienthal-Studie entstand eine Typisierung von vier Haltungsgruppen der Arbeitslosen:

1. die Ungebrochenen,

2. die Resignierenden,

3. die Verzweifelten und

4. die Apathischen (vgl. Holloderer 2011, S. 26).

3.1 Ausblick in drei Theorien zur Aufdeckung von möglichen psychischen Folgen der Arbeitslosigkeit

Aus wissenschaftlichen Texten zu der Thematik Arbeitslosigkeit und ihre möglichen psychischen Folgen ist zu entnehmen, dass sich die Wissenschaft immer häufiger auf drei wesentliche Theorien fokussiert. So ist die Theorie von Jahoda (1983), die von Warr (1987) und die Theorie von Fryer (1986) bei der Fragestellung, inwieweit die Psyche eines Menschen und die Arbeitslosigkeit miteinander in möglicher negativer Verbindung zueinanderstehen könnten, unabdinglich (vgl. Paul, Moser 2015, S. 270).

3.1.1 Deprivationstheorie nach Jahoda

Die aus ihrer Studie „Die Arbeitslosen von Marienthal" bekannte Sozialpsychologin und Soziologin Jahoda, ist unter anderem bei der Erarbeitung ihrer Studie auf die Erkenntnis gestoßen, dass die Menschen einen zeitlich geregelten Tagesablauf benötigen, um eine Zufriedenstellung ihrerseits zu erlangen. Ist dieser feste Rahmen und die feste Zeitstruktur nicht mehr gegeben, so kann es zu Langeweile und

Zeitverschwendung kommen, und sogar zur Isolation. Dies kann wiederum zu psychischen Problemen und gesundheitlichen Einschränkungen führen.

Diese Theorie bezeichnet Jahoda als die sogenannte manifeste und latente Funktion der Erwerbsarbeit. So hat die Arbeitslosigkeit negative psychische Folgen für den Menschen, unter anderem auf Grund von Mangelerlebnissen, fehlendem kollektivem Austausch, fehlender kollektiver Anerkennung und fehlender Zeitstruktur. Jahoda nach, ist die Erwerbstätigkeit nicht nur aus ökonomischer Sicht ein wichtiger Bestandteil für die Gesundheit des Menschen, sondern auch aus soziologischer Sicht. Zum einen dient die Erwerbstätigkeit des Verdienens von Geld und zum anderen bezieht die Tatsche erwerbstätig zu sein auch die soziale Gesundheit mit ein. So ist es dem Menschen möglich einen geregelten Alltag nach zu gehen und regelmäßige soziale Kontakte und Anerkennung zu pflegen (vgl. Paul, Moser 2015, S. 270).

3.1.2 Das Vitaminmodell nach Warr

Der Psychologe Warr entwickelte im Zuge seiner empirischen Untersuchung zum Thema „Vitamine und die Gesundheit des menschlichen Körpers" das sogenannte Vitaminmodell. Die Theorie des Vitaminmodells ist auch wie Jahoda´s Theorie, eine Deprivationstheorie.

Warr stellte die Theorie auf, dass die von ihm aufgestellten Umgebungsfaktoren ausschlaggebend für die psychische Gesundheit des Menschen sind. Seine neun Umgebungsmerkmale sind:

1. Gelegenheit zur Ausübung von Kontrolle,

2. Gelegenheit zum Gebrauch eigener Fertigkeiten,

3. Von außen gesetzte Ziele / Anforderungen,

4. Vielfalt / Abwechslung,

5. Klarheit der Umgebung,

6. Verfügbarkeit von Geld,

7. Psychische Sicherheit,

8. Gelegenheit zu zwischenmenschlichen Kontakt,

9. Angesehene soziale Stellung.

Warr beschreibt in seiner Theorie, dass alle neun Umgebungsmerkmale eine wesentliche Rolle im Zusammenhang des seelischen Wohlbefindens spielen (vgl. Paul, Moser 2015, S. 271).

Auch Moser nimmt in seiner Literatur Bezug auf das Vitaminmodell von Warr und zitiert ihn wie folgt:

„Ein Mangel führt zu einer Störung der Gesundheit, ab einem bestimmten Schwellenwert stellt sich Beschwerdefreiheit ein, die auch bei einer weiteren Erhöhung der ´Dosis` (z.B. von Vielfalt oder der Verfügbarkeit von Geld) nicht mehr nennenswert verbessert werden kann." (Paul, Moser 2015, S. 271).

3.1.3 Der Handlungsrestriktionsansatz nach Fryer

Der Sozialökonome Fryer stellt einen Gegenpol zur Deprivationstheorie von Jahoda und Warr dar. So stellt er fest, dass die Erwerbslosigkeit zwar für den einzelnen Menschen psychische Folgen haben kann, jedoch bezweifelt er, dass die von Jahoda aufgezählten latenten Funktionen, wie die der fehlenden sozialen Kontakte oder die fehlende Zeitstruktur gleichsam zu einer gesundheitlichen Einschränkung führen muss.

Im Gegenteil, Fryer geht in seiner Handlungsrestriktionstheorie davon aus, dass die Arbeitslosigkeit für den Menschen eine positive Auswirkung haben kann. So ist es dem Menschen möglich, auf Grund seiner Arbeitslosigkeit persönlich zu wachsen und an positiven Erfahrungen zu zehren. Der Mensch ist in der Lage eigenständig zu handeln und auf Erfahrungen seiner eigenen Wahrnehmung die Vergangenheit, Gegenwart und Zukunft in seinem Handlungskonstrukt und seiner Selbstverwirklichung seines Lebens aktiv mit einzubeziehen und somit positiv die Arbeitslosigkeit übersteht.

Lediglich die Unklarheit der zeitlichen Perspektive stellt für die Arbeitslosen im Rahmen des Handlungsrestriktionsansatzes einen negativen Effekt für die Betroffenen dar. Da sie weder zeitlich klar noch vorhersehbar ist (vgl. Paul, Moser 2015, S. 272).

4. Entstehung von psychischen Folgen

Das Robert-Koch-Institut schreibt in seiner Gesundheitsberichterstattung, dass die „soziale und gesundheitliche Einschränkung eng mit der Dauer der Arbeitslosigkeit assoziiert" (Robert-Koch-Institut 2003, S. 7) wird. Als Langzeitarbeitslos gelten die Menschen in Deutschland, die länger als 12 Monate ohne Arbeit leben (vgl. Robert-Koch-Institut 2003, S. 7).

Nicht nur die Dauer der Arbeitslosigkeit und der Gesundheitszustand des Betroffenen spielen im Zusammenhang der Entstehung von psychischen Folgen während der Arbeitslosigkeit eine wesentliche Rolle, sondern auch Faktoren der Stimmungslage des Individuums selbst. Im Prozess der Arbeitslosigkeit durchleben die erwerbslosen Menschen immer wieder Höhen und Tiefen, in denen Freude und Niederschläge nahe beieinanderliegen.

Aus der empirischen Studie „Die Arbeitslosen von Marienthal" und der daraus weiterfolgenden Forschungen von Eisenberg und Lazarzsfeld aus dem Jahr 1938, ist ein Phasenmodell für das Erleben von Arbeitslosigkeit zu entnehmen. So sind die Betroffenen in der ersten Phase noch optimistisch und motiviert und nehmen aktiv an der Jobsuche teil. In der zweiten Phase schlägt die Stimmung bereits um und Pessimismus, Angst und Stress wirken auf die Arbeitslosen ein. In der dritten und letzten Phase zeigt sich eine Resignation bei den Betroffenen und sie finden sich mit der Arbeitslosigkeit ab. Nach Jahoda sichert eine Erwerbstätigkeit nicht nur das Einkommen, sondern strukturiert den Tag und hält Möglichkeiten soziale Beziehungen und Kontakte zu pflegen bereit (vgl. Holloderer 2011, S. 26f).

4.1 Erste Phase: Optimismus, Motivation und Aktionismus

In der ersten Phase der Arbeitslosigkeit ist der Betroffene in der Regel zunächst erschüttert und verunsichert. Im Anschluss ist jedoch zu beobachten, dass die Arbeitslosen optimistisch, motiviert und voller Tatendrang aktiv auf dem Arbeitsmarkt mitwerben. Sie suchen selbständig nach neuen Jobs und schreiben Bewerbungen (vgl. Holloderer 2011, S. 26).

4.2 Zweite Phase: Pessimismus, Angst und Stress

In der zweiten Phase wirft eine Absage nach der anderen die Betroffenen zurück und die Gefühlslage kippt zu Pessimismus. In dieser Phase kann es zu ersten gesundheitlichen Einschränkungen kommen, die es schier unmöglich machen, aktiv am Arbeitsmarkt mit zu werben. Gesundheitliche Einschränkungen können sein: Angst, Stress und beginnende Depressionen (vgl. Holloderer 2011, S. 26).

4.3 Dritte Phase: Resignation

In der dritten und letzten Phase resignieren die Betroffenen. Der anfängliche Aktionismus schlägt um zur Perspektivlosigkeit und Resignation. Hier entstehen meist Suchterkrankungen, wie stark zunehmender Alkoholkonsum.

Die Betroffenen nehmen ihre Situation so an wie sie ist und engagieren sich nur wenig bis gar nicht mehr etwas an ihrer Erwerbslosigkeit zu verändern (vgl. Holloderer 2011, S. 26).

5. Prävention

„Freundschaften, gute zwischenmenschliche Beziehungen und ein starkes

stützendes soziales Netz verbessern die Gesundheit zu Hause,

am Arbeitsplatz und in der Gemeinschaft."

(WHO 2004, S. 27)

Anhand der unterschiedlichen empirischen Untersuchungen und der bereits bestehenden Theorien zur Thematik zum Zusammenhang von Arbeitslosigkeit und Gesundheit ist anzunehmen, dass die vorbeugenden Maßnahmen konkrete Ansätze zur Prävention der Gesundheitsförderung von erwerbslosen Menschen mit sich bringen muss.

Mögliche Interventionsmaßnahmen könnten zur Prävention beitragen:

- Handlungen der Beschäftigungsförderung und psychosoziale Übungen
- Gesundheitsbezogene beschäftigungsorientierte Fallmanagementkonzepte
- Angebote der arbeitsmarktintegrativen Gesundheitsförderung (vgl. Holloderer 2011, S. 91).

Laut dem Robert-Koch-Institut können zwei wesentliche Aspekte herauskristallisiert werden, die die Gesundheit von erwerbslosen Menschen positiv beeinflussen können:

- zum einen die schnelle (frühzeitige) und effektive Wiedereingliederung in den Arbeitsmarkt der Betroffenen und
- zum anderen eine fundamentale und kompetente Beratungsstelle bzw. Anlauforte (Einrichtungen, Ämter etc.) für betroffene Personen (vgl. Robert-Koch-Institut 2003, S. 20).

Grundsätzlich sollten die präventiven Maßnahmen für Arbeitslose immer individuell gestaltet sein und spezifisch auf das Individuum eingehen. So ist eine präventive Maßnahme den Schulabschluss nach zu holen genauso effektiv, wie eine Maßnahme zur Wiedereingliederung in den Arbeitsmarkt durchzuführen. Wichtig ist die Effektivität dieser Maßnahme, im Hinblick darauf den Arbeitslosen wieder in den Arbeitsmarkt zu integrieren, zu hinterfragen. Denn Ziel sollte es sein, den Betroffenen als Individuum wahrzunehmen und gezielt zu beraten und zu fördern (vgl. Paul, Moser 2015, S. 274).

Positive Resultate ergaben die Maßnahmen, „die eine Mischung aus Qualifizierungs-, Sozial- und Bewerbungstraining darstellten." (Paul, Moser 2015, S. 274).

6. Fazit

Im Fokus meiner Hausarbeit stand die Aufgabe, bereits bestehende Untersuchungen zum Thema zu analysieren und mögliche psychische Folgen von Arbeitslosigkeit, deren Entstehung und präventive Maßnahmen zu benennen.

Unter anderem wurde in der Marienthal-Studie deutlich, dass Arbeitslosigkeit einen wesentlichen Einfluss auf die Gesundheit des Menschen hat. Die eindrucksvolle Studie klärte darüber auf, dass die Arbeitslosigkeit gravierende Auswirkungen auf die Gesundheit von Erwerbslosen hat.

Weitere wichtige empirische Untersuchungen spiegeln die Erkenntnisse der Marienthal-Studie wieder und erweiterten diese. Die immensen Fortschritte im Bereich der arbeitspsychologischen Forschung lassen darauf schließen, dass Forschung sich schon sehr intensiv mit der Gesundheit des Menschen in Bezug auf die Arbeitslosigkeit befasst, jedoch noch viel Freiraum für weitere aktuellere empirische Untersuchungen besteht.

Während meiner Recherche zu dieser Thematik fiel mir auf, dass es in den von mir eingesehenen Untersuchungen noch wesentliche Lücken in der konkreten Forschungsgrundlage zu den zentralen psychischen Folgen von Arbeitslosigkeit für den Menschen gibt. So bin ich jedoch auf viele wichtige Merkmale und Auswirkungen dessen gestoßen, hätte jedoch noch weitere Konkretisierungen erwartet.

Zahlreiche fachlich und auf empirischen Grundlagen gestützte Untersuchungen habe ich zur Ausarbeitung meiner Hausarbeit durchgearbeitet. Alle Untersuchungen gaben an, dass es definitiv einen Zusammenhang von Arbeitslosigkeit und psychische Folgen gibt. Doch blieben für mich Fragen offen, wie z.B. die Konkretisierung von den Krankheitsbildern. So konnte ich der Literatur entnehmen, dass ein vermehrter Alkoholkonsum und die Zunahme von depressiver Stimmung zu verzeichnen ist, doch es war mir zu oberflächlich beschrieben und mir fehlte es an Fakten und Zahlen.

Weiter stellt sich mir die Frage, wie sich eine langandauernde Arbeitslosigkeit konkret auf die Gesundheit auswirkt. Klar ist, dass die Zeit der Arbeitslosigkeit eine wesentliche Rolle im Zusammenhang von Arbeitslosigkeit und Gesundheit spielt. Jedoch interessiert es mich stark, ob sich das Krankheitsbild verstärkt, oder auch ob sich die Krankheitsbilder überschneiden.

Abschließend sei betont, dass nicht jeder Mensch, der arbeitslos ist, auch gleichsam psychische Einschränkungen zu erleben hat. So kommt es doch auf das Individuum selbst an, ob es an gesundheitlichen Einschränkungen in der Arbeitslosigkeit zu leiden hat oder nicht. Dieser Auszug meiner Hausarbeit bezieht sich auf die möglichen psychischen Einschränkungen zur Thematik Gesundheit und Arbeitslosigkeit. Vielfältige Faktoren können dazu führen, dass der Betroffene unter der Arbeitslosigkeit leiden kann. Jedoch bringt jedes Individuum selbst seine Bereitschaft zur aktiven Beteiligung am Arbeitsmarkt mit. Gesundheitliche Einschränkungen können bereits vor der Erwerbslosigkeit eine wesentliche Rolle spielen und kommen im Zuge der Arbeitslosigkeit erst zu ihrem Ausbruch.

Literaturverzeichnis

Bundesagentur für Arbeit (2016). *Arbeitslosigkeit*, Grundlagen für die Arbeitslosenstatistik ist die Definition der Arbeitslosigkeit im Sozialgesetzbuch, Zugriff am: 11.02.2017, https://statistik.arbeitsagentur.de/nn_361178/Statischer-Content/Grundlagen/Arbeitslosigkeit-Unterbeschaeftigung/Arbeitslosigkeit.html

Bundesagentur für Arbeit (2017). *Arbeitslosigkeit, Unterbeschäftigung und gemeldetes Stellenangebot – Die aktuellen Entwicklungen in Kürze – Januar 2017*, Zugriff am: 26.02.2017, https://statistik.arbeitsagentur.de/Navigation/Statistik/Statistik-nach-Themen/Arbeitslose-und-gemeldetes-Stellenangebot/Arbeislose-und-gemeldetes-Stellenangebot-Nav.html

Hollederer, A. (2011). *Erwerbstätigkeit, Gesundheit und Präventionspotenziale*, Ergebnisse des Mikrozensus 2005, Psychologie sozialer Ungleichheit, 1. Auflage, Wiesbaden: VS-Verlag

Kadler-Neuhausen, I. (2012). *Arbeit: Multidisziplinäre Einführung*, BASA-online-modul O4

Müller, R. (2012). *Die Marienthal-Studie*, In: Archiv für die Geschichte der Soziologie in Österreich (AGSÖ), Die Arbeitslosen von Marienthal, Zugriff am: 26.02.2017, http://agso.uni-graz.at/marienthal/studie/00.htm

NOMOSGesetze (2015). *Gesetze für die Soziale Arbeit*. Textsammlung (5. Auflage), Baden-Baden: Nomos Verlagsgesellschaft

Paul, Karsten I.; Moser, K. (2015). *Arbeitslosigkeit*. In: Moser, K. (Hrsg.), *Wirtschaftspsychologie*, Berlin Heidelberg: Springer-Verlag

Robert-Koch-Institut (2003). *Arbeitslosigkeit und Gesundheit*, Gesundheitsberichterstattung des Bundes Heft 13, Berlin, Zugriff am: 26.02.2017,
http://edoc.rki.de/documents/rki_fv/reUzuR53Jx9JI/PDF/28OCHPB2fJAAs_60.pdf

Statistisches Bundesamt (Destatis) (2017). *Erwerbslosenquote: Anteil der Erwerbslosen an den Erwerbspersonen (Erwerbstätige + Erwerbslose) in vergleichbarer Abgrenzung.* Zugriff am: 26.02.2017, https://www-genesis.destatis.de/genesis/online;jsessionid=F66E789B4BB7B42039FB065E DF512B3D.tomcat_GO_1_2?operation=previous&levelindex=3&levelid=14881 17142932&step=3

Weltgesundheitsorganisation (WHO) (2004). Soziale Determinanten von Gesundheit: *Die Fakten*, Zweite Ausgabe / Redaktion Richard Wilkinson, Michael Marmot, Zugriff am: 16.02.2017,
http://www.euro.who.int/__data/assets/pdf_file/0008/98441/e81384g.pdf